AF369558

Vente des Lundi 31 Janvier et Mardi 1ᵉʳ Février

HOTEL DROUOT, SALLE Nᵒ 2

A DEUX HEURES

BEAUX BIJOUX

ANCIENS ET MODERNES

Brillants — Pierres fines — Perles

ARGENTERIE

LOUIS XIV, LOUIS XV ET LOUIS XVI

BOITES ET BONBONNIÈRES

Objets d'art variés

OBJETS REMARQUABLES DU JAPON ET DE LA CHINE

DENTELLES — GUIPURES

De l'intéressante Collection de Mᵐᵉ de X···

———

EXPOSITION PUBLIQUE

Le Dimanche 30 Janvier 1881, de une heure à cinq heures

Mᵉ Émile TROTRY, COMMISSAIRE-PRISEUR

rue Montyon, 11.

EXPERTS :

M. FALKENBERG | M. GEORGE
rue Louis-le-Grand, nᵒ 26 | rue Laffitte, nᵒ 12

PARIS — 1881

V⁰ᵉ RENOU, MAULDE et COCK

IMPRIMEURS DE LA COMPAGNIE DES COMMISSAIRES-PRISEURS

Rue de Rivoli, 144

CATALOGUE

DE

BEAUX BIJOUX

ANCIENS ET MODERNES

Brillants — Saphirs — Émeraudes — Rubis

ARGENTERIE

LOUIS XIV, LOUIS XV ET LOUIS XVI

BELLES BOITES ET BONBONNIÈRES

En or ciselé, émaillé, vernis Martin, matières précieuses

OBJETS D'ART ET OBJETS DE VITRINE

Le tout provenant de l'intéressante Collection de Mme de X***

ET DONT LA VENTE AURA LIEU

HOTEL DROUOT, SALLE N° 2

Les Lundi 31 Janvier et Mardi 1er Février 1881

A DEUX HEURES

Me Émile **TROTRY**, Commissaire-Priseur

rue Montyon, 11.

EXPERTS :

M. FALKENBERG	**M. GEORGE**
rue Louis-le-Grand, n° 26	rue Laffitte, n° 12

EXPOSITION PUBLIQUE

Le Dimanche 30 Janvier 1881, de une heure à cinq heures

PARIS — 1881

CONDITIONS DE LA VENTE

Elle sera faite au comptant.

Les Acquéreurs paieront CINQ POUR CENT, en sus des enchères, applicables aux frais.

DÉSIGNATION

BIJOUX

1 — Belle Broche, composée de topazes et brillants.

2 — Bracelet, forme diadème, monté de deux émeraudes, trois rubis et neuf perles rondes.

3 — Bracelet composé de plaquettes alternées présentant chacune: 10 pierres fines et saphirs. roses, émeraudes, rubis.

4 — Bracelet en or émaillé, camées sur fond guilloché, bordé de demi-perles et orné de 7 motifs d'ornements en lozanges : perles entourées de roses

5 — Bracelet en or émaillé rose avec bordure en roses et fermoir en brillants avec fleurs de lys.

6 — Bague en or, montée d'un gros saphir.

7 — Tour de cou en or serti de 75 brillants et 5 turquoises.

8 — Bague en or montée d'un gros brillant.

9 — Broche en forme d'aigle pavée de roses.

10 — Médaillon en or pavé de turquoises et roses.

11 — Médaillon en grenat suspendu par une agrafe
fleurdelysée en roses.

12 — Pendant de cou en or repercé à jour, orné de
3 perles en corail rose, de 7 brillants et de
fleurs en roses.

13 — Deux Pendants d'oreilles : papillons en or, roses,
saphirs, rubis et surmontant trois Pendeloques
garnies chacune de trois perles.

14 — Bague en or montée d'un saphir.

15 — Bague à trois rangs de roses, topazes et brillants.

16 — Bague en or montée d'un saphir entouré de
12 brillants.

17 — Épingle de cravate, brillant et perle noire, forme
poire.

18 — Bracelet en or orné de 4 brillants, 2 rubis, cabochons et 1 saphir.

19 — Médaillon en or orné d'un gros saphir astéroïdé,
entouré de rubis et brillants.

20 — Broche en or, ayant la forme d'une mandoline,
garnie de roses, perles et rubis.

21 — Médaillon en or orné d'un dragon en relief,
exécuté en brillants et rubis.

22 — Deux Pendants d'oreilles en or montés de brillants, perles et corail rose.

23 — Broche composée de deux colombes en roses placées sur une branche également en roses, d'où pendent trois perles, une blanche, une noire, et la troisième en corail rose.

24 — Deux Boutons de chemises en or : pierre de lune entourée de brillants.

25 — Pendant de cou en forme de pensée en améthyste avec brillant au centre et son pendant à un anneau en roses.

26 — Épingle en or, forme d'épée avec poignée en diamants.

27 — Trois Boutons de chemises or, montés chacun d'une perle.

28 — Deux Boutons de manchettes en or, plaquette ronde en lapis avec entourage en roses.

29 — Broche en or, ayant la forme d'un éléphant à caparaçon en roses et portant une perle à l'extrémité de sa trompe.

30 — Agrafe en or, ornée de 2 rubis et de 3 brillants.

31 — Petite Agrafe en or avec branche en roses et 2 petites perles aux extrémités.

32 — Châtelaine en or ciselé, composée de cinq Médaillons Louis XVI, superposés, trophées et attributs rustiques.

33 — Broche en or, jacinthe et 4 émeraudes.

34 — Broche en or en forme de feuille contenant des fleurettes en roses et une grappe de perles fines.

35 — Agrafe en or, composé de 2 brillants et de 4 pierres de couleur.

36 — Agrafe ayant la forme d'une clef pavée de roses avec trois perles au centre.

37 — Épingle en or émaillé : Arlequin.

38 — Médaillon en cristal de roche, orné d'une lyre en roses et entouré de feuilles de chêne également en roses.

39 — Bracelet en or, garni de deux brillants et d'un saphyr cabochon.

40 — Médaillon en or avec anneau en perles, et orné d'une fleur de lys en perles et émeraude.

41 — Médaillon en or, de forme ovale avec plaque en jade garnie de rubis et de roses.

42 — Bracelet en or à deux têtes de lions.

43 — Broche en or en forme d'éventail orné de fleurs en roses et en émail.

44 — Broche en or, couronne garnie de perles, rubis, etc.

45 — Chaîne de gilet en or avec un Porte-Crayon en forme de hibou.

46 — Broche-Talisman composée de petites cornes avec garniture en or montée de cinq saphirs.

47 — Deux Boutons de chemises (Pensées en rubis et roses).

48 — Bracelet en or torsade.

49 — Bracelet en or tressé (Serpent).

50 — Bracelet en or articulé (Serpent).

51 — Broche en or et perle baroque (Poudrière et Cor de chasse).

52 — Étui à pans coupés en or ciselé à ornementation Louis XVI et formant cachet.

53 — Joli Miroir de poche, forme carnet en or ciselé, de style Louis XVI.

54 — Broche (Tête de hibou en roses).

55 — Broche en or avec Tête de singe en labradorite et perle à l'extrémité.

56 — Agrafe en or repercé à jour en forme de clef.

57 — Trois boutons de chemise en or avec fleurs de lys en roses.

58 — Deux doubles Boutons en or garnis de rubis.

59 — Deux autres garnis de deux brillants et de deux rubis.

60 — Pendant de cou en or émaillé (Fer à cheval).

61 — Flacon à odeur avec fermoir en or et rubis cabochon entouré de roses.

62 — Autre Flacon avec monture en or et émeraude cabochon entourée de roses.

63 — Bracelet composé de monnaies indiennes en or.

64 — Broche en or, montée d'une agathe ovale à plusieurs couches avec entourage de roses.

65 — Petite Bourse à fermoir et maillons en or.

66 — Porte-Cigarettes garni en or avec deux fermoirs en saphirs astéroïdés entourés de roses.

67-76 — Dix Porte-Crayons en or de divers modèles, dont plusieurs garnis de roses et pierres fines.

77-79 — Trois Canifs en or.

80-81 — Deux Porte-Plumes en or.

82 — Un Coupe-Papier en or orné au manche d'un serpent en roses.

83 — Un Peigne en écaille garni en or et surmonté de sept boules en corail placées dans des bagues en roses.

84 — Petite Poudrière en bois d'olivier avec garniture en or.

85 — Cinq Plaquettes de ceinture en or repoussé à jour et ornées de pierres de couleur.

86 — Divers Bijoux en or sous ce numéro.

86 *bis* — Belle Montre anglaise de l'époque Louis XV, en or repoussé avec sujet (Esther aux pieds d'Assuerus), double boîtier en galuchat.

86 *ter* — Flacon à odeur en émail cloisonné, bouchon or émaillé et perle baroque.

86 *quater* — Bijou renaissance (Cygne en or émaillé et
perle baroque.

Belles Dentelles anciennes : Point d'Angle-
terre, de Bruxelles, etc.

ARGENTERIE

87 — Grande et belle Cafetière Louis XV, à côtes à
spirale sur trois pieds à ornements rocaille ;
couvercle surmonté d'une fleur.

88 — Belle Soupière Louis XV, à deux anses et quatre
pieds et couvercle surmonté d'une fleur.

89 — Légumier à anses plates et couvercle surmonté
d'un fruit, style Louis XV.

90 — Deux Salières Louis XVI à guirlandes de laurier
et médaillons (Têtes d'empereurs romains).

91 — Petite Soupière à couvercle et Plateau en vermeil
repoussé de l'époque Louis XVI.

92 — Douze petites Cuillers en argent niellé de Toula.

93 — Service à glace : Truelle et douze Cuillers en
argent doré.

94 — Beau Calice en argent doré de l'époque Louis XIV
d'une riche ornementation à figures d'anges,
et offrant sur le pied trois statuettes en ronde
bosse des vertus théologales.

95 — Un Calice, deux Patènes, deux Burettes et leur Plateau en argent doré et ornementé de godrons. Ces pièces sont gravées aux armes d'un archevêque.

96 — Buvard orné d'une grande plaque en argent repercé.

97 — Coupe-Papier, manche en granit gris, lame en argent gravé

BOITES, BONBONNIÈRES

ET

OBJETS DIVERS

98 — Jade gris. Coupe, forme fruits, à branchages en relief.

99 — Jade gris. Plaque de ceinture sculptée à jour (Animaux et Fleurs).

100 — Agathe blonde. Petit Groupe composé d'un cavalier chinois et d'un piéton.

101 — Tasse et sa Soucoupe en argent doré, à rinceaux et fleurs en émail. Travail russe.

102 — Jolie Boîte ovale en vernis Martin, décorée de scènes flamandes attribuées à Van Blaremberg : monture en or ciselé.

103 — Jolie Boîte ovale offrant sur le couvercle une
peinture sur émail; monture en or ciselé.

104 — Très belle Boîte Louis XV carrée, ornée sur
toutes les faces d'oiseaux et de feuillages en
relief avec garniture à cage en or ciselé, ornements rocaille.

105 — Cristal de roche. Statuette de personnage tenant
un vase.

106 — Cristal de roche. Cylindre entouré d'un serpent
en or.

107 — Flacon à odeur en cristal de roche, avec roses au
fermoir, et amethyste cabochon et roses à l'extrémité supérieure.

108 — Boîte ronde en vernis Martin, décorée sur le
couvercle d'un sujet : les Oiseleurs, dans le
goût de Boucher.

109 — Boîte plate à angles coupés en or ciselé, à guirlandes et pilastres Louis XVI, émaillée en
partie. Le dessus et le fond de la boîte sont
formés par deux plaques en agate moussue.

110 — Boîte plate à angles coupés, composée de plaques
en lapis lazuli et d'une monture à cage en or
ciselé, à cordons de laurier

111 — Vidrecome en argent repoussé à mascarons
peints et ornements, le couvercle surmonté
d'un lion tenant un écusson. Travail allemand.

112 — Joli Pommeau de canne en or ciselé de l'époque
Louis XVI, à plusieurs médaillons (trophées),
dont un placé à l'extrémité supérieure est
mobile, et présente en se retournant une petite
montre.

113 — Très-jolie Boîte oblongue à angles coupés, ornée
de dix petites Plaques en vieux laque du
Japon avec monture en or ciselé de l'époque
Louis XVI.

114 — Boîte carrée en écaille brune incrustée d'or, présentant sur le couvercle un sujet chinois dans
un encadrement rocaille; monture en or ciselé.

115 — Boîte ronde en cristal avec cercles en or, de
l'époque Louis XVI, et ornée sur le couvercle
d'une corbeille en filigrane d'or.

116 — Très-belle Boîte carrée en argent ciselé et doré,
ornée de cinq plaques en fer ciselé à sujets
mythologiques, dont les personnages se dé-
tachent en relief sur un fond doré.

117 — Boîte oblongue en or, décorée de fleurs et branchages gravés et émaillés en couleurs.

118 — Belle Boîte rectangulaire de l'époque Louis XVI
en or, émaillé bleu sur fond guilloché, et ornée
de cinq petits émaux ovales très-finement
peints, à sujets dans le goût flamands; monture à cage en or ciselé.

119 — Étui de dame en or ciselé avec garniture à
l'intérieur, Ciseaux, Carnet, etc.

120 — Étui Louis XVI en or ciselé à cordons de feuillages, et médaillons à rubans ornés de demi-
perles.

121 — Autre Étui en or émaillé bleu de roi, ornementation très-délicate et filets d'émail blanc.

122 — Petite Boîte en agate en forme de coussin, sur lequel est couché un petit chien; monture Louis XV en or ciselé.

123 — Flacon à odeurs en or, de style oriental, décoré de fleurs en émail cloisonné.

124 — Tire-Bouchon en jaspe sanguin avec garniture en or.

125 — Très-beau bas-relief en argent repoussé et ciselé de forme ronde, et représentant Cincinnatus; travail très-fin portant la signature de *Kirstein à Strasbourg*.

126 — Petit Médaillon de forme ovale en porcelaine peinte, représentant un Shah de Perse dans un cadre garni de perles.

127 — Deux petites Cassolettes à parfums en or repoussé et ciselé, à figures d'amours et ornements rocaille.

128 — Très-bel Éventail en or émaillé, enrichi de demi-perles; renfermant dans la monture une Boîte à musique et une petite Montre; la feuille représente un Combat de cavalerie; époque Louis XVI.

129 — Livre d'heures, imprimé en chromo dans le style du moyen âge, avec riche reliure en maroquin garni d'écoinçons et fermoir en or ciselé et émaillé, de style Louis XIII.

OJETS DU JAPON ET DE LA CHINE

130 — Plat en émail cloisonné, décoré de grues sur fond turquoise avec bordure.

131 — Très beau et très important groupe en ivoire sculpté, composé de seize personnages diversement occupés. (Signature).

132 — Joli boîte plate et ronde en laque d'or du Japon, riche décor à plantes, oiseaux et branchages en relief. — Cette boîte renferme un jeu de quatre petites boîtes également d'un décor très fin.

133 — Jolie Boîte de forme contournée, en laque d'or du Japon, à instruments de musique et ustensiles variés en relief.

134 — Belle Boîte cylindrique, à quatre compartiments, en laque d'or du Japon, très fin, à quatre zônes d'ornements, éventails, insectes, etc.

135 — Jolie Boîte‘ double et carrée, en laque d'or, riche décor imitant le fer damasquiné.

136 — Deux Vases d'applique en émail cloisonné de la Chine.

137 — Boîte à gants, en laque d'or, beau décor à fleurs et branchages en relief sur fond aventuriné et à personnages à l'intérieur du couvercle.

138 — Deux Vases cylindriques en émail cloisonné, de belle qualité.

139 — Bouteille forme gourde, en bronze ciselé, couvert
d'ornements, fleurs et ustensiles en relief et
enrichi de cabochons et gourdes rapportés
en cornaline, malachite, etc.

140 — Jade blanc. — Vase, balustre carré, à couvercle
et à deux anses sculptées et ajourées.

141 — Vase carré en bronze du Japon, sur quatre pieds
en S, couvert d'imbrications. Le couvercle est
surmonté d'un phoque sur des rochers.

142 — Couteau à manche, en jade blanc, et fourreau
en bronze doré, à fleurs et rinceaux en émail.

143 — Belle Pagode avec pied, formant urne, en bronze
ciselé et doré.

144 — Coupe en émail cloisonné de la Chine.

145 — Chimère en jade vert foncé avec incrustations en
pierres de couleurs, sur socle en bois de fer.

146 — Éléphant en bois sculpté avec caparaçon en bois
dur incrusté de nacre : il porte sur le dos un
vase en ancien émail cloisonné de la Chine.
Socle en bois de fer.

247 — Jolie Voiture en laque d'or du Japon, renfermant
plusieurs petites boîtes.

148 — Coffret carré en métal damasquiné d'or, orné sur
le couveécle de neuf petits médaillons à bas-
reliefs.

149 — Très beau Meuble à étagères, à deux corps, en
bois dur ; les compartiments de la partie supérieure sont encadrés d'ornements en émail
cloisonné ; la partie inférieure est à parties
pleines enrichies de nombreuses plaquettes en
jade sculpté.

Ves Renou, Maulde et Cock, imprs de la Compagnie des Commissaires-Priseurs,
rue de Rivoli, 144
14706